小學生的煩惱 **①**

控制不住怒氣怎麼辦？

情緒管理

監修／**安藤俊介** 日本憤怒管理協會代表理事

漫畫／**鈴木理繪子** 翻譯／**吳嘉芳**

前言

大家好，我是一隻獅子，英文名字叫做「Heart」，也就是「心」的意思，負責引領你閱讀這本書，以及統整每個單元的學習重點。

當你和家人、朋友一起生活時，是否曾因為一點小事而覺得火大或氣炸？等你氣消了之後，又覺得為了這種事發脾氣很丟臉而感到自責，甚至討厭自己？

當你被憤怒的情緒控制時，這本書的主題「情緒管理」就可以派上用場。英文「anger」的意思是「生氣」，而「management」則是「管理」、「處理」。生氣並非壞事，若你能克制憤怒的情緒，不僅可以把這份心情化作前進的動力，也能妥善的告訴對方自己的需求。

但是如果你只是把怒氣發洩在某個人或某件事上，可能會導致與

對方的關係變得緊張，或破壞了整件事，因此澈底學會情緒管理，好好控制脾氣非常重要。

情緒管理有三個重點：第一、了解憤怒；第二、控制憤怒；第三、學會適當表達憤怒的方式。

本書將透過「什麼是憤怒？」、「平息瞬間爆發的憤怒」、「控制憤怒」、「適當表達憤怒的方式」和「情緒管理的方法」五個章節，詳細解說如何處理憤怒的情緒。

書中提及的情緒管理方法只要經過練習，每個人都可以學會。善用情緒管理，絕對能讓你的生活過得更愉快！請你一定要從頭到尾讀完全書，學會管理自己的情緒喔！

目錄

奈奈子

大家好，我的個性比較文靜，非常喜歡聽音樂，在合唱團負責吹奏樂器。每當我製作手工藝或甜點時，內心就會感到很平靜。

我們請出現在書中的七位人物自我介紹吧！

光

嗨！我喜歡踢足球和打籃球，屬於一想到某事就會立刻執行的行動派。常常因為遲到而惹明莉生氣。

賢人

大家好，我是光的弟弟。最近迷上玩電動遊戲，希望能夠快點贏過哥哥！

令夫

大家好，我的個性害羞，待在家裡比在戶外玩耍更能讓我感到平靜。我喜歡歷史，興趣是搭火車出遊。

光的媽媽

大家好，我是光的媽媽美和，請多多指教。

班導師

大家好，我是奈奈子、光、令夫和明莉的班導師西山。

明莉

嗨！我喜歡運動，只要和朋友聊到跳舞就會手舞足蹈。我的優點是跑得很快，缺點是討厭讀書。

本書使用方法

　　這本書利用漫畫和文字說明，介紹日常生活和學校生活中常遇到的情境與解決方法。你可以按照章節順序閱讀，也可以從感興趣的部分開始讀起！

●方法說明

詳細解說如何運用合適的方法平息怒火、控制憤怒和表達情緒。

●情境舉例

以學校常發生的各種憤怒場景為例，並提供管理情緒的方法。

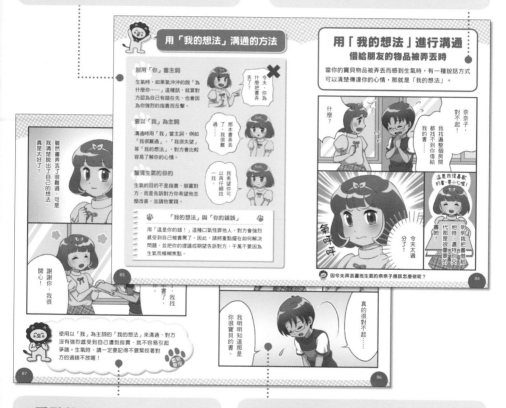

●重點整理

獅子Heart替大家複習漫畫中發生的情況，並歸納出重點。

●漫畫呈現

藉由漫畫演繹書中主角處理問題的過程，了解採用情緒管理方法的結果。

第 **1** 章

什麼是憤怒？

憤怒是心中不愉快的感覺因某件事引爆後的結果，這是每個人都有的自然情緒喔！

讓我們來討論每個人都有的憤怒情緒吧！

負面情緒會產生憤怒

憤怒是指心中累積的悲傷、心酸、痛苦等負面情緒，在某個時間點因超過極限而爆發出來的狀態。

人為什麼會生氣？

找出讓你產生憤怒的原因。

❶ 負面情緒是憤怒的根源

遇到討厭的事，或朋友沒有遵守約定時，會覺得難過或煩躁吧！這種負面情緒會在心裡一點一滴累積，最後因為某件事成為壓垮駱駝的最後一根稻草，而引發「憤怒」。

❷ 產生憤怒的三個階段

人在發怒之前會經歷三個階段：一、發生某件事。二、因為這件事而出現負面想法。三、最後產生憤怒。對於第一階段發生的某件事，在第二階段負面解讀時，就會演變成憤怒。換句話說，只要在第二階段別用負面想法定義這件事，就不會感到憤怒了。

第一階段	第二階段	第三階段
發生某件事	負面解讀	產生憤怒

第一階段：好痛！／被球砸中
第二階段：對方一定是故意用球砸我的！
第三階段：生氣／「必須」給我好好道歉才行！

「應該……」的想法會讓人產生憤怒

在第二階段，當你認為某人或某事「應該……」，結果卻沒有符合期待時，就會感到憤怒（請參考第66頁）。例如，一般人會認為「必須遵守約定」，因此一旦對方「破壞約定」，就會生氣。

了解憤怒①

憤怒不是一件「壞事」，
一起來了解憤怒背後隱藏的含意。

❶ 希望解決問題

當對方或事情違背了自己認為的理想狀態時，就會感到憤怒。也就是說，憤怒的背後隱藏了「希望對方或事情『必須這樣』的要求」。

希望對方幫忙打掃！

❷ 思考解決問題的方法

如果要求被滿足了，怒氣就會消退。因此，當你感到憤怒時，請想一想該如何解決問題。例如，對方遲到時，告訴他「下次請守時」，如果對方答應，憤怒的情緒就會慢慢平息。

下次請守時！

當你感到憤怒時，不需要勉強壓抑怒氣。但是也別受到情緒的影響而使用暴力，更不要覺得自責。

憤怒是防禦機制

人感到憤怒時，體內會釋放一種名為腎上腺素的物質。這種物質會讓人出現情緒亢奮、心跳加速、手心出汗、聽不見周遭的聲音、痛覺神經變遲鈍等現象，這些都是人類遇到危險時所產生的防禦機制。包括人類在內，防禦機制是動物與生俱來的本能。

心跳加速

將憤怒的能量運用在正面的事情上

憤怒是非常強烈的情緒，也是驅動人類前進的強大能量。如果將這種能量運用在負面的事情上，會產生暴力行為或口出惡言；假如能夠正面思考，則可以轉化為往前邁進的動力。

煩躁

煩躁

轉換成動力！

什麼是情緒管理？

情緒管理就是好好與憤怒相處，
以下是情緒管理的三個重點。

❶ 了解憤怒

只要知道你為什麼會生氣、憤怒的情緒又
會如何變強烈，就不容易受憤怒影響。重
要的是必須妥善處理憤怒，而不是拚命壓
抑（請參考第2章）。

現在你的憤怒指數是多少？

❷ 控制憤怒

當你堅持「必須……」或「應該……」，
就很容易感到憤怒。請擴大「容忍範圍」
或學會避免累積壓力的方法，克制憤怒的
情緒（請參考第3章）。

別要求非這樣
做不可。

❸ 學會適當表達憤怒的方式

只要是人，就不可能完全不生氣。學會如
何生氣，可以把自己的情緒或訴求傳達給
對方（請參考第4章）。

我很擔心喔！

希望你下次別再遲到了！

了解憤怒的機制，別被憤怒影響，
就能建立更良好的人際關係。

避免這些表達憤怒的方式

當你生氣時，最好避免以下四種表達憤怒的方式，
因為不僅會破壞情誼，也會失去信任。

❶ 喜怒無常

你是否有過面對平常可以接受的
事情，卻因為當下心情不好，而
發怒的經歷？小心！情緒反反覆
覆會讓身邊的人無法信任你喔！

❷ 指責對方

當你生氣時，是否會追根究柢的
質問對方「為什麼這麼做？」如
果這時對方開始找藉口，問題會
變得很難解決喔！

❸ 翻舊帳

把過去的事情翻出來檢討，只會
讓憤怒的情緒不斷累積，最後彼
此都會無法釐清原先引發紛爭的
問題究竟是什麼。

❹ 貼標籤

你生氣的時候，是否曾經說過類
似「你每次都這樣」的話？若對
方反擊「才沒有這回事」，就很
難解決問題了。

請仔細閱讀這本書，學會適當表達憤怒的方式。

憤怒時的措辭

請在不傷害對方的情況下，表達你的憤怒。

當你生氣時，應該使用哪些字眼？不論你多麼憤怒，都不可以過於激動而口不擇言，或用言語傷害對方。相反的，你應該選擇可以表達自我情緒或意見的語句。

難堪的字眼、傷人的話

笨蛋　　氣死我了　　你給我適可而止

騙子　　吵死了　　閉嘴　　找死啊

每次都……　　你有病吧　　又來了

可以適當表達自我情緒或意見的語句

真讓人難過　　我不想做吧

真讓人傷腦筋　　我不喜歡這樣

我不希望你……　　下次希望你……

我覺得不太好　　我無法贊成你的做法

你的憤怒屬於哪種類型？

請回答以下問題，找出你的憤怒屬於哪種類型。

　　請自我評估後，在括弧內填入對應的數字。如果覺得該敘述非常符合自己，就填「4」點；只有一點點符合，填「3」點；不太符合，填「2」點；非常不符合，填「1」點。

① 你認為世上有必須遵守的規則，大家都應該遵從。（　　點）

② 你對任何事情都要追根究柢，直到自己認同為止。（　　點）

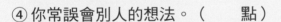

③ 你是一個有自信的人。（　　點）

④ 你常誤會別人的想法。（　　點）

⑤ 你常有很難消除的強烈衝動。（　　點）

⑥ 你認為自己很適合當領導者。（　　點）

⑦ 你無法接受任何錯誤。（　　點）

⑧ 你好惡分明。（　　點）

⑨ 你認為自己應該獲得更多認同。（　　點）

⑩ 你重視自己訂定的規則。（　　點）

⑪ 你不會把別人說的話聽進去。（　　點）

⑫ 你認為應該清楚表達自己的想法。（　　點）

計算分數

請套用以下公式計算①～⑫的分數，兩兩相加之後，總分最高的就是你的憤怒類型。

如果出現同分的情況，代表你同時屬於多種類型。

①（　　點）＋⑦（　　點）＝（總計　　點）熱血柴犬型

②（　　點）＋⑧（　　點）＝（總計　　點）黑白貓熊型

③（　　點）＋⑨（　　點）＝（總計　　點）老大猴子型

④（　　點）＋⑩（　　點）＝（總計　　點）固執綿羊型

⑤（　　點）＋⑪（　　點）＝（總計　　點）慎重兔子型

⑥（　　點）＋⑫（　　點）＝（總計　　點）自由貓咪型

了解你的憤怒類型，就能知道你適合哪種情緒管理方法嘍！

各種憤怒類型的個性與對策

你屬於哪種類型呢？
請根據診斷結果，檢視每種憤怒類型的個性樣貌及其因應對策。

熱血柴犬型

個性 討厭拐彎抹角，而且認為「應該……」時，一旦出現一點差錯或不遵守規則的人，就容易發脾氣。

對策 別對所有事情強加自己的規則，並接受別人的想法，學會寬以待人。

黑白貓熊型

個性 希望一切都黑白分明的完美主義者，一旦發生與自己價值觀不同的情況，就會感到壓力而發脾氣。

對策 別用對或錯來區分所有事情，試著用寬廣的心胸接納各種想法。

老大猴子型

個性 具有強大的行動力，容易成為領導者。自尊心強，一旦沒有人認同自己的意見，就會覺得被否定而生氣。

對策 即使對方沒有接受你的意見，也不代表會降低對你的評價喔！

固執綿羊型

個性 平常看起來溫和，可是被要求做不想做的事情時，就會變得煩躁。而且一旦做了決定，就不會輕易妥協。

對策 別要求別人非得遵照自己的規則，聽聽別人的意見或想法，並靈活思考。

慎重兔子型

個性 這類型的人屬於認真慎重的行動派。因做事用心，所以容易對不遵守規則的人發脾氣。

對策 可試著敞開心胸依賴他人，以建立信任感。若有人不遵守規則，請先找出原因，不要立刻發脾氣。

下一章將開始介紹一些具體案例，請一起思考如何面對各種令人憤怒的情況！

自由貓咪型

個性 不擅長察言觀色，想到什麼就立刻脫口而出。遇到嚴格的規定時，會因為壓力而感到焦躁。

對策 只要在面對所有的人、事、物時先用心判斷情況，就能避免遇上麻煩。

該怎麼做才不會被憤怒控制呢？

第2章

平息瞬間爆發的憤怒

憤怒的情緒可以憑藉個人的努力而冷靜下來喔！一起來了解有哪些方法吧！

等待 6 秒
向別人打招呼卻被忽視時

當你因為某件事而生氣時，請先等待 6 秒。這麼做就能冷靜下來，控制憤怒的情緒。

打招呼被忽視而覺得生氣的明莉應該怎麼做呢？

平息憤怒的方法

等待 6 秒

據說強烈的憤怒約 6 秒過後就會慢慢減緩。因此生氣時，請在心裡從 1 數到 6，等待情緒消散。

深呼吸

「深呼吸」具有平息怒氣的效果。當你生氣時，請用鼻子吸氣，再用嘴巴慢慢吐氣。

轉移注意力

把注意力從讓你生氣的原因，轉移到其他事情上就能恢復平靜。例如，用英文數數，或進行簡單的算術。

🐾 強烈的憤怒是問題的根源 🐾

當你感到憤怒時，最不應該做的就是被情緒沖昏頭而衝動行事。假如在這種時候口不擇言，對方也會因此生氣，有時還可能產生更嚴重的問題。因此，請先試著耐心等待 6 秒，藉此平息怒氣。

就算對眼前發生的事情感到憤怒，也不可以向對方說出難聽的話，或大聲責罵對方。為了避免因憤怒而傷害自己或身邊的人，在你快要發脾氣前，請先耐心等待6秒。

重點整理

用指數區分憤怒等級
被水噴到時

只要了解令你生氣的情況屬於何種憤怒等級，就可以避免反射性發怒。

 被幼童噴溼衣服而感到惱怒的令夫應該怎麼做呢？

用數字呈現憤怒指數

用心情溫度計測量憤怒指數

用數字呈現憤怒指數較容易想像你有多麼生氣。這種把憤怒指數轉換為數字的做法稱為「量表分析」。

你的憤怒指數是多少？

平息輕微的憤怒

如果只是有一點生氣，請試著不要在意。你可以與過去的憤怒指數做比較，這樣能讓你冷靜下來喔！

為了這種事生氣也沒用啊！

根據憤怒指數採取因應對策

如果是「等級5」的憤怒，請數6秒平息怒氣；若是「等級3以下」就不要在意。依照憤怒指數決定做法，可以減少被情緒控制的機會。

等級3

這是可以容忍的怒氣喔！

🐾 憤怒指數列表（10級） 🐾

等級10	絕不原諒的「超強烈憤怒」
等級7～9	足以生氣發火的「很強烈憤怒」
等級4～6	無法輕易平靜下來的「稍強烈憤怒」
等級1～3	可以容忍的「輕微憤怒」
等級0	不覺得憤怒

嗯⋯⋯

對了！我來測量現在的憤怒指數吧！

我現在的憤怒指數是多少呢？

超強烈憤怒

很強烈憤怒
熱愛歷史卻被嘲笑。

稍強烈憤怒
朋友沒有遵守約定。

輕微憤怒
打招呼時被忽視了。

不覺得憤怒
被撞到之後對方迅速道歉了。

10
9
8
7
6
5
4
3
2
1
0

嗯……我現在應該是等級2「輕微憤怒」吧！

沒辦法，誰叫對方是小孩子，而且衣服也很快就會乾了。

感覺冷靜下來了……

對不起

別在意

還好嗎？你都溼透了。

我沒事，走一走衣服就會乾了。

人往往會放大眼前的憤怒，但是只要與過去的憤怒等級做比較，了解當下的憤怒指數，就可以採取適當的因應對策！

重點整理

默念魔法咒語
遊戲機被搶走時

生氣時，試著念出對自己有效的「魔法咒語」，就能慢慢平復情緒。

用咒語平息憤怒的方法

念出魔法咒語

請先準備好可以平息憤怒的「魔法咒語」，例如「沒什麼大不了的」或「沒關係」等。當你快要發怒時，默念咒語以平息怒氣。

沒什麼大不了的，沒什麼大不了的。

決定「施展魔法的動作」

利用特定動作來平息憤怒也有不錯的效果喔！

沒關係……

別生氣的指責對方

在發脾氣時指責對方的缺點容易引起對方反彈，讓場面一發不可收拾。

一直玩電動遊戲，難怪成績那麼差！

決定魔法咒語

雖然魔法咒語可以用來平息憤怒，卻並非立即見效。剛開始念咒語時，必須下定決心不生氣，並且反覆練習，養成習慣。你可以先試用幾種咒語，再從中決定自己適合哪一種。

平息憤怒的「魔法咒語」稱作「Coping Mantra」。「Coping」的意思是「應對」，「Mantra」則是「咒語」。想避免火氣一下就上來，就得先決定可以穩定情緒的魔法咒語或動作，這點很重要喔！

重點整理

停止「思考」
聽見同學在背後說你壞話時

當你感到憤怒時，請試著停止「思考」，這樣負面情緒就不會繼續擴大。

 因別人說自己壞話而生氣的明莉應該怎麼做呢？

停止「思考」的方法

讓腦袋放空

試著在內心喊「停」，或者想像腦袋裡有一張白紙。

停止生氣！

不要思考如何分析或解決問題

在生氣時思考發怒的原因或解決方法，只會讓自己越想越氣。

什麼都不想……

把憤怒丟進垃圾桶

閉上眼睛，想像把憤怒丟進「垃圾桶」。如果可以具體想像出把憤怒丟進垃圾桶時發出的聲音，效果會更好喔！

丟

叩咚！

嘿！

 避免負面思考的技巧

請回想「產生憤怒的三個階段」（請參考第13頁）。用負面的想法解讀事情（第二階段），就會感到生氣。「停止思考」是在第二階段避免出現負面思考的技巧。

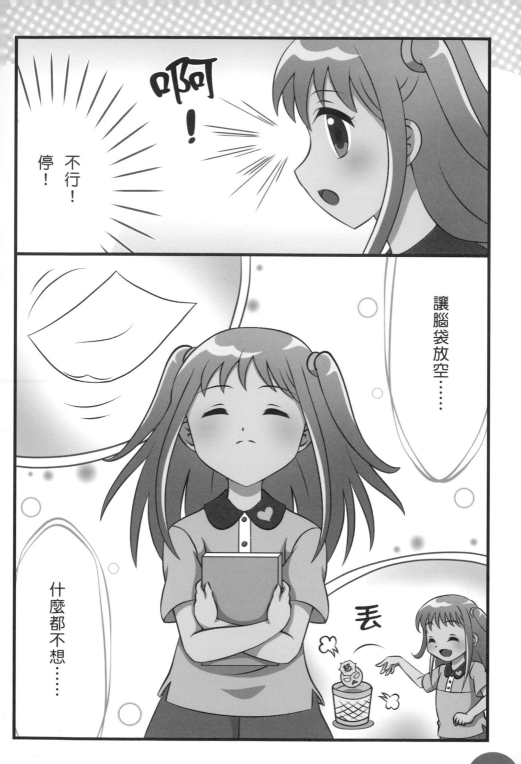

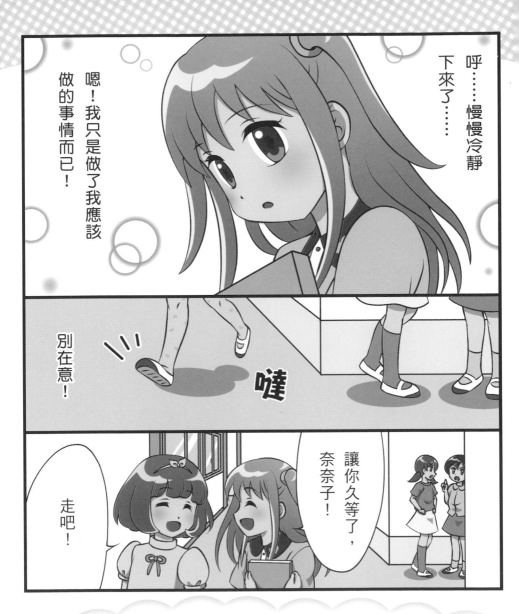

呼……慢慢冷靜下來了……

嗯！我只是做了我應該做的事情而已！

別在意！

讓你久等了，奈奈子！

走吧！

當發生了對自己不利的事情時，人往往會負面思考，並且逐漸擴大憤怒的情緒。只要先讓自己呈現「什麼都不想」的放空狀態，等到心情平復之後，就能冷靜的採取行動嚕！

重點整理

暫時離開現場
和朋友發生爭執時

和朋友吵架時，偶爾會說出不該講的話。為了避免發生這種情況，請先暫時離開現場，讓自己恢復冷靜。

因為光不打掃而大發雷霆的令夫應該怎麼做呢？

恢復冷靜的方法

暫停！給自己一點時間

當你感到非常生氣時，請先離開現場，給自己足夠的時間消化情緒。如此一來，你就能冷靜的與對方溝通。

暫停！

先知會對方，再離開現場

就算你生氣了，也別忘記顧慮對方的心情。離開現場去消化情緒前，一定要先告訴對方。

可以給我一點時間嗎？我五分鐘後再回來。

轉換心情

在暫停的過程中，要試著轉換自己的心情。運動或回想有趣的事情和喜愛的事物，都可以幫助自己調整情緒。

試著利用簡單的運動轉換心情。

 🐾　「暫停」可以保護自己　🐾

暫時離開讓你生氣的地方，就和教練在比賽中途喊「暫停」，終止球員不佳狀態的道理一樣。這麼做不僅能平息怒氣，也能有效保護自己免於被對方攻擊。

在憤怒爆發之前，最好先暫時離開現場，這麼做不僅可以避免將強烈的怒氣發洩到對方身上，也可以讓自己冷靜下來。為了不讓人誤會你逃避溝通，請一定要和對方說清楚再離開。

重點整理

回想愉快的時光
對方不遵守約定時

遇到討厭的事情時，必須學習轉換心情。請試著回想你喜歡的事物或愉快的回憶。

明莉，久等了！

奇怪？沒有人在……

明莉先回去了嗎？

嘎啦

明明約好社團活動結束後一起回家的啊……

生氣

生氣

真過分……

太過分了！

 因朋友沒有遵守約定而生氣的奈奈子應該怎麼做呢？

轉換心情的方法

回想「愉快的時光」

當你心中充滿憤怒時，請回想曾經歷過的愉快時光。例如，旅途中的美麗風景，或令人難忘的美食等。

享受「你最愛的事物」

當沉浸在自己喜歡的電影、卡通、動漫或音樂時，可以消除緊繃的情緒和壓力。

用布偶紓解壓力

覺得煩躁或生氣時，抱著蓬鬆的布偶，可以平息心中的怒氣或減少壓力喔！

這種蓬鬆的感覺好療癒！

 越想越氣

想起過去不愉快的事而感到煩躁時，就會不斷回想起類似的情況，最終導致怒氣失控，因此，平時請盡量避免去想不好的回憶。

回想愉快的時光，或者觀賞喜愛的電影，心情會不自覺變好，身心也會充滿正能量！請先準備好可以轉換心情的清單，以備不時之需。

把注意力集中在「當下」
想起令人生氣的事情時

有時過去的怒火可能會沒來由的死灰復燃，此時請將注意力集中在「當下」。

把注意力集中在「當下」的方法

觀察眼前的事物

觀察事物需要集中注意力，只要仔細查看鉛筆或橡皮擦的形狀、顏色、使用痕跡等，就能忘記讓人生氣的事情。

專心走路

走路時，請試著把注意力集中在腳部，例如思考腳底如何著地等。把注意力放在這件事情上，就可以分散煩躁的情緒。

使用非慣用手做事

當你用非慣用手做某件事時，就會把注意力集中在手上，而沒有心思想其他事情喔！

 消除壓力的工具

有些工具可以讓人動動手指或體驗新奇感受，幫助集中注意力，忘記令人不愉快的事情並消除壓力，請試著找出適合自己的工具吧！

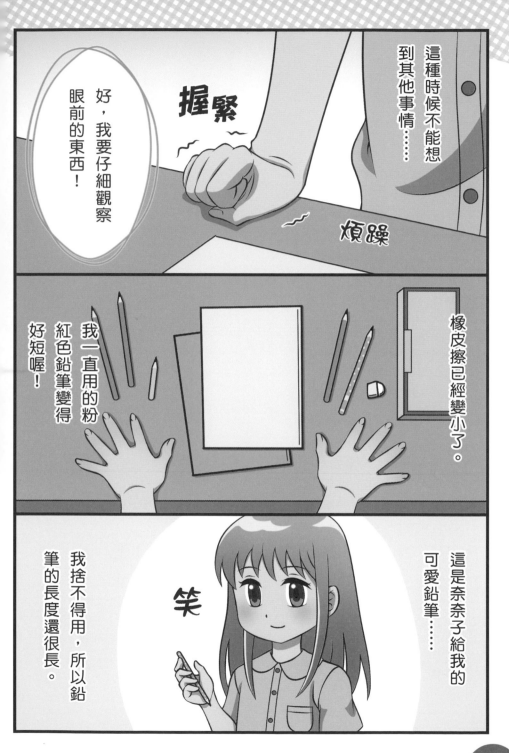

雖然鉛筆盒的邊緣已經破損，可是我很喜歡它，所以還是會繼續使用。

指

好！心情平靜下來了，把東西放進書包吧！

媽，我已經準備好明天上學要用的東西。我要睡嚕！晚安。

明莉，晚安。

越去回想不好的記憶，憤怒的情緒就會越強烈，只要把注意力集中在「當下」，就能慢慢平息怒火。下次遇到這種情況的時候，不妨試著做做看吧！

重點整理

尋找可以穩定情緒的「護身符」

大多數人在童年時期都有過心愛的布偶、小被子或手帕，也因此留下了抱在懷裡或聞到氣味時，能讓情緒恢復平靜的記憶。請找出這種可以平復你不安或煩躁心情的「護身符」。

●布偶

只要撫摸或抱著布偶，就會覺得身心靈被療癒。

●全家福

家人是你的後盾，只要看著照片，內心就會產生勇氣。

●喜愛的音樂

音樂擁有改變心情的神奇魔力。

●喜愛的地方

只要換個場所，心情就會奇蹟似的變得平靜。

●喜歡的事物或興趣

只要專注在喜歡的事情上，就能轉換心情。

你什麼時候會想發脾氣呢？請冷靜的想一想。

第3章

控制憤怒

當你改變想法，並擴大容忍範圍之後，就不會對很多事情感到憤怒了。

擴大容忍範圍
遭受責罵時

被別人用不同的口氣說教，會產生不一樣的感受。當你擴大容忍範圍之後，就能減少發怒的次數喔！

擴大容忍範圍的方法

寫下憤怒同心圓

對於周遭發生的事情感到憤怒時，請試著思考你的容忍範圍。把這件事依照「可以容忍」、「還可以容忍」、「無法容忍」等向度分類，了解自己對事情有多麼憤怒。

擴大「還可以容忍」的範圍

納入同心圓中「還可以容忍」的事情越多，越能減少憤怒。

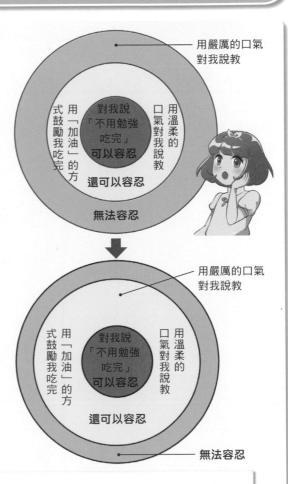

用嚴厲的口氣對我說教

用溫柔的口氣對我說教

對我說「不用勉強吃完」可以容忍

用「加油」的方式鼓勵我吃完

還可以容忍

無法容忍

用嚴厲的口氣對我說教

用溫柔的口氣對我說教

對我說「不用勉強吃完」可以容忍

用「加油」的方式鼓勵我吃完

還可以容忍

無法容忍

 你是不是縮小了容忍範圍？

每個人面對同一件事情可能有不同的感受，有些人會生氣，也有些人覺得無所謂。面對與自身價值觀不同的人時，最好擴大同心圓中「還可以容忍」的範圍。請思考你的容忍範圍是否太小。

真是的！我已經受夠老師的說教了！

對了，把現在讓我生氣的事情放到憤怒同心圓吧！

我知道老師是為了大家的健康，以及考慮到製作營養午餐的人的辛勞，可是我無法忍受她責罵我。

把青椒吃掉！

可以容忍

還可以容忍

無法容忍

我覺得把菜剩下來有點浪費，所以還可以容忍。

我和令夫的想法一樣，所以可以容忍這件事。

即使碰到一樣的事情，每個人的感受都不同呢！

我可以忍受青椒，可是若因為不吃胡蘿蔔而被責罵，就無法容忍。

我明白每個人的容忍範圍都不一樣……

「我可能是無法忍受老師用嚴厲的口氣對我說「不可以剩下來！」」

可是，我還是無法接受營養午餐裡的青椒，這就是問題所在！

那麼，先試吃一小塊如何？

哈哈哈

「擴大容忍範圍」是指擴大「可以容忍」和「還可以容忍」的部分。遇到不順心的事情，請先試著思考這件事是否真的令你無法忍受，千萬不要直接發脾氣。

重點整理

冷靜度過一整天
莫名覺得煩躁時

有時可能沒有明確的原因，內心卻感到十分煩躁。這個時候，你可以試試「冷靜度過一整天」的方法。

今天總覺得心情有點煩悶……

光，早安。今天也要加油喔！

媽，早安……

啊！笑容……

媽媽的心情總是很穩定……

冷靜度過一整天的方法

整日都保持冷靜

早晨起床後，請下定決心「今天絕對要保持情緒穩定」，不生氣、不與人吵架，冷靜度過一整天。

今天絕對要保持冷靜喔！

不表現出內心的憤怒

就算當天遇到令人憤怒的事，也要告訴自己「今天要挑戰不生氣」，避免對他人表現出負面情緒。

別生氣！這是今天的挑戰！

回顧你的一天

一天結束時，請回顧周遭的人有什麼反應。

大家的反應是？

 保持平穩的心情

面對事情表現冷靜稱作「Act Calm」。「Act」的意思是「表現」，「Calm」則是「冷靜」。當你結束挑戰之後，若覺得效果不錯，就試著努力持續下去。

「Act Calm」的關鍵其實是「就算感到憤怒，行為也能保持冷靜」，而不是「不能生氣」。挑戰完畢後，請觀察周遭親友的反應，看看出現了什麼變化。

重點整理

提早行動
睡過頭而趕時間時

當你睡過頭而趕時間時，會感到煩躁而充滿怒氣，因此請避免讓自己發生時間緊迫的狀況。

 因時間緊迫而感到煩躁的令夫應該怎麼做呢？

提早行動的方法

妥善管理時間

提早五分鐘出門，以保留充裕的上學時間，這樣就不會因為必須等紅燈而影響心情。

比平常早起，時間就會很充裕！

先完成討厭的事情

一旦時間緊迫，無法從容面對時，就會感到煩躁。為了能泰然自若的完成所有任務，最好先處理討厭或不擅長的事情。

先把功課寫完吧！

立刻完成別人請你幫忙的事情

當老師或父母拜託你做事時，請立刻完成。盡早做完，雙方都可以保持愉快的關係喔！

幫媽媽拿一下報紙吧！

好！

立刻去做！

 累積非做不可的事就會產生壓力

原本只要五分鐘就能完成的簡單工作，累積了五件、十件之後，就會變得不知道該從何處著手。假設累積了一百件非做不可的事情，壓力就會非常大，也會更不想去完成。

明天早點起床吧！

隔天早上

啾啾 啾啾 啾啾

昨天很早就睡了，感覺神清氣爽！

伸展～

我出門嘍！

不用趕在變紅燈前匆忙奔跑，也不用擔心會遲到……

輕快走著

學校

可以幫老師把這張海報貼在走廊的布告欄上嗎？

64

沒問題，離上課還有一點時間，我現在馬上去做。

太好了，謝謝你。

不客氣！

別人拜託的事只要立刻執行，就能從容不迫的完成。

打招呼運動

貼好了！

當你睡過頭時，就沒有足夠的時間做好每件事。只要提早行動，留有更多餘裕把事情處理完畢，自然能擺脫煩躁的情緒！

重點整理

別被「應該⋯⋯」的想法影響
被球砸中時

當你過度堅持自己的想法與原則，例如「應該⋯⋯」或「必須⋯⋯」等，就容易感到憤怒。

別被「應該……」的想法牽著鼻子走

接受不同的價值觀

每個人的想法都不同，不可能事事都順自己的意。因此，必須試著接受與自己價值觀不同的情況。

丟球砸中別人時，應該誠心道歉吧！

別假設不確定的情況

不確定因素容易產生變故，若事先假設無法掌控的情況一定會發生，就會大大提高發怒的機率。

舞蹈比賽應該會得名。

考試應該會通過。

接受「算了」的想法

即使你的「應該……」沒有實現，也請接受「沒辦法」、「好吧」、「算了」的想法，不要讓自己陷在負面情緒裡。

既然他不道歉，那就算了。

 試著研究每個人的原則

當你明白每個人都有自己的原則之後，可以試著觀察你的家人和同學。如果發現有人在生你的氣，請了解對方的地雷，並與你的想法做比較，或許就可以找到和好的辦法喔！

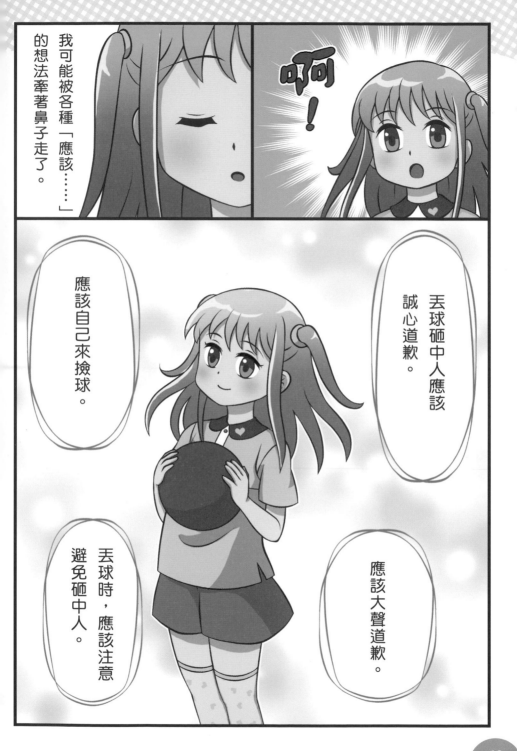

啊啊！

我可能被各種「應該……」的想法牽著鼻子走了。

丟球砸中人應該誠心道歉。

應該大聲道歉。

應該自己來撿球。

丟球時，應該注意避免砸中人。

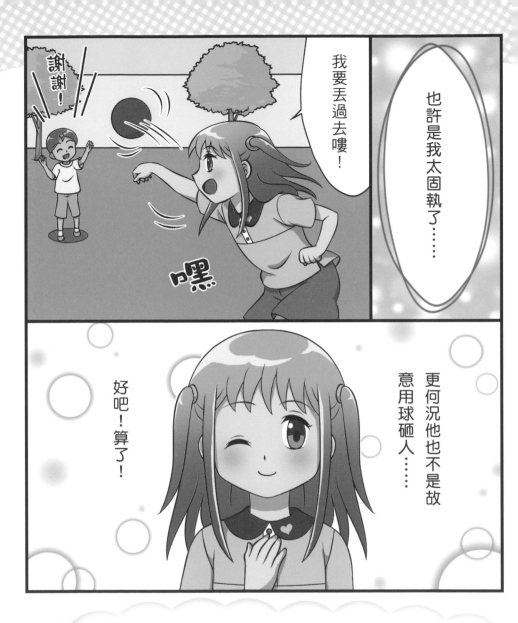

謝謝！

我要丟過去嚕！

口黑

也許是我太固執了……

更何況他也不是故意用球砸人……

好吧！算了！

每個人對每件事的觀念都不同，例如，有人認為守時是「應該比預定時間早到」，也有人認為是「應該準時到」。請和朋友或家人討論對於某件事「應該……」的看法，幫助你們更加熟悉彼此的價值觀。

重點整理

別被捲入他人憤怒的情緒中
被正在生氣的朋友尋求認同時

當暴怒的朋友尋求你的認同時，請試著思考不被憤怒波及的方法。

他的運球技術太差了！

今天的籃球比賽輸了都是令夫害的！

明天的比賽絕對要贏喔！

光，你說對吧？

咦？

該怎麼辦？

避免捲入他人憤怒情緒的方法

離開現場

生氣會傳染，一個人在生氣，周圍的人也會跟著產生怒氣。若發現身邊有人正在發脾氣，請立刻離開現場。

別靠近正在生氣的人

待在發怒者的旁邊會引起更多怒氣，使情況變得更嚴重。如果發現有人正在生氣，請別靠近他。

別試圖安撫別人的情緒

越想安撫對方，越容易被怒火波及，面對生氣的人最好的方式，就是讓他獨自冷靜。

 憤怒會伴隨攻擊性

「憤怒」這種強烈的情感具有「攻擊性」，不把怒氣發洩在「自己」、「他人」或「事物」上就沒辦法平息。請想一想你平時都為了什麼事情生氣，藉此了解你的憤怒類型，並找到穩定情緒的方法。

光，你怎麼了？

咦？你怎麼會在這裡？

輕快走著

我剛才在器材室整理籃球。

你怎麼了？

令夫是個好人，把輸球這件事全怪在他身上是不對的。

你真細心！

沒有啦！我們一起回教室吧！

不要將你的煩躁發洩在他人身上，讓別人成為你的出氣筒；也不要輕易被生氣的人影響情緒，破壞原本的好心情。

重點整理

73

大人責罵孩子的原因

「快去寫作業」、「不要一直看卡通」、「趕快上床睡覺」是大人最常對孩子說的話。孩子每天被訓斥，聽都聽膩了！其實，大人是因為覺得孩子「應該要……」或「應該做……」才會說教，孩子想的卻是「我想要……」或「我想做……」，雙方的想法存在著差距，才會造成這樣的結果。大人透過責罵教導孩子做人的常識，可是孩子希望大人能聽一聽他們的想法，不要動不動就發脾氣啊！

大人認為的常識	孩子的想法
應該先完成作業	我等一下就會寫作業了。
應該整理房間	我不介意房間很凌亂啊！
應該自己起床	叫我起床又不會怎麼樣！
應該不偏食	我就不想吃討厭的食物啊！
應該主動和長輩打招呼	有時候就不想開口說話啊！

VS

生氣的目的不是為了
在爭論中擊敗對方。

第 4 章

適當表達憤怒
的方式

一定要學會正確表達憤怒的方法，
才能避免傷害自己與對方。

生氣的標準要一致
被插隊時

就算要發脾氣，標準也必須一致，若面對不同人而有不一樣的反應，會讓人無所適從。

對一件事出現雙重標準而遭人非議的光應該怎麼做呢？

遵守自己生氣的標準

別看對象生氣

人往往會因為「他是我的好朋友」或「對方是個麻煩的傢伙」而轉換生氣的標準。如果你依照不同對象而改變態度，就無法獲得他人的信任喔！

因為對方是個麻煩的傢伙。

因為他是我的好朋友。

別隨意發脾氣

把每件可能讓你生氣的事歸類到各種憤怒等級（請參考第29頁），降低動不動就大發雷霆的機率。

氣

這件事歸類在等級2的憤怒！

釐清生氣的原因

當你憤怒時，請冷靜思考為什麼會產生怒氣，只要找出原因，就可以避免被不必要的負面情緒影響。

我是因為對方不守規矩而生氣。

 ## 別因為當下的心情而生氣

生氣的標準往往容易被當下的心情影響，例如因為「高興」所以不生氣，或者因為「丟臉」而感到惱怒。請避免對平常不在意的事突然發脾氣。

我對同一件事出現了兩種態度……

第一次是陌生人，第二次是朋友。

以後我要多留意，避免類似的情況再次發生。

請站在客觀的角度檢視你容易對什麼事生氣？生氣的原因是什麼？最重要的是，就算生氣，自己心中也有統一的標準。情緒反覆會使人認為「你是一個捉摸不定的人」而讓人不想接近喔！

重點整理

表達情緒時要改變語調、態度、表情
希望阻止朋友說他人壞話時

當你希望朋友停止做某件事時，請試著改用與平常不同的語氣、態度和表情來溝通。

 聽到朋友說別人壞話而生氣的奈奈子應該怎麼做呢？

用和平常不同的態度表達憤怒的方法

改變語調

用不同的語調說話，可以讓對方快速辨別你情緒的轉換，例如嗓門大的人可以試著在生氣時刻意壓低音量。

壓低音量！

改變態度

如果實在看不慣朋友的行為，可以一反平常輕鬆的作風，用告誡的態度指出對方的缺點，並說說自己期望他怎麼做。

我希望你不要再說別人的壞話。

改變表情

想和朋友談論自己的不滿，就必須換上正經嚴肅的表情，讓對方知道事情的嚴重性。若嬉皮笑臉的溝通，對方可能會不當一回事喔！

說別人壞話很不好喔！

 別否定對方的人格

不論多麼生氣，都不能使用否定對方人格的字眼，例如「你是笨蛋嗎？」、「我討厭你！」等語句。生氣的目的是為了糾正對方的錯誤，希望他做出改變，因此一定要把重點擺在對方的行為上。

奈奈子……謝謝你坦白告訴我，我之後會注意的。

嗯！

太好了，明莉有把我的話聽進去！

當你想傳達某事給對方時，除了注意說話內容，也得考量溝通方式。如果每次都怒氣沖沖的大吼，對方就會越來越不想聽你說話。請仔細思考如何讓對方把你的話聽進去，這點很重要。

重點整理

用「我的想法」進行溝通
借給朋友的物品被弄丟時

當你的寶貝物品被弄丟而感到生氣時,有一種說話方式可以清楚傳達你的心情,那就是「我的想法」。

奈奈子,對不起!

我找遍整個房間都找不到你借給我的書……

什麼?

這是我很喜歡的書,要小心喔!

明明我把書借給他時,還特別交代那是很重要的書吧!

令夫太過分了!

氣呼呼

 因令夫弄丟書而生氣的奈奈子應該怎麼做呢?

用「我的想法」溝通的方法

別用「你」當主詞

生氣時，如果氣沖沖的說「為什麼你……」這種話，就算對方認為自己有錯在先，也會因為你強烈的指責而反擊。

令夫，你為什麼把書弄丟了？

要以「我」為主詞

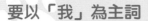

溝通時用「我」當主詞，例如「我很難過」、「我很失望」等「我的想法」，對方會比較容易了解你的心情。

那本書弄丟了，我很難過……

釐清生氣的目的

生氣的目的不是指責、辯贏對方，而是告訴對方你希望他怎麼改善，並請他實踐。

我希望你可以再仔細找一找。

 「我的想法」與「你的錯誤」

用「這是你的錯！」這種口氣怪罪他人，對方會強烈感受到自己被責罵了。因此，請將重點擺在如何解決問題，並把你的提議或期望告訴對方，千萬不要因為生氣而模糊焦點。

雖然書弄丟了很難過，可是我清楚說出了自己的想法，真是太好了！

我今天回家會再找一次。

隔天

奈奈子，我找到那本書了，還給你。

謝謝你，我很開心！

使用以「我」為主詞的「我的想法」來溝通，對方沒有強烈感受到自己遭到指責，就不容易引起爭端。生氣時，請一定要記得不要緊咬著對方的過錯不放喔！

重點整理

具體表達憤怒的情緒
朋友姍姍來遲時

當你對某人感到不滿時，直接表達情緒或說出看法，會比生悶氣更好喔！

光明明就說今天早上九點集合啊！

煩躁

光還沒到嗎？他已經遲到二十分鐘了。

煩躁

煩躁

不安

不安

他也遲到太久了吧！

嘿嘿

抱歉！我來了！

 因朋友遲到而生氣的明莉應該怎麼做呢？

具體表達憤怒的方法

直截了當的問句

生氣時，模稜兩可的字詞無法清楚表達你的情緒。請利用「為什麼？」或「在哪裡？」等問句，直接表達你的憤怒。

為什麼？ 什麼時候？
如何？ 在哪裡？
做什麼？ 是誰？

補充說明對事件的看法

當你只會說「氣死我了」或「我很生氣」的時候，可能連你都不了解自己為什麼憤怒。請試著增加表達對事件感到生氣的語句，例如「他怎麼又遲到了！」

氣死我了！ 我很生氣！

別為對方貼標籤

生氣時，把「你每次都」、「你一定會」等話掛在嘴邊，對方也會想反擊「明明沒有每次！」

我哪有每次！ 光每次都遲到！

 別追根究柢

生氣時，往往會下意識質問對方，想追究發生問題的原因或找出犯人，可是這麼做不但無助於消除內心的煩躁，還會使對方感到不耐煩，引發更激烈的口角。

真的很對不起大家……

真是的！

下次你要守時喔！

明莉剛才還一直氣呼呼的呢！

光來了之後好像就鬆了一口氣。

明莉，謝謝你擔心我。

唉呀！走了啦！

明莉生氣的原因是，光的行為與自己重視「必須守時」的原則相反，而且長時間失去聯繫會讓人感到擔心。透過這件事可以讓我們明白，用明確的語句傳達對他人的不滿十分重要，否則對方會不清楚你究竟為什麼憤怒喔！

重點整理

遵守生氣三原則
被別人絆倒時

日常生活中，偶爾會遇到讓人無法忍住怒氣的情況。此時，我們必須遵守生氣的三個原則。

 被人絆倒而發怒的光應該怎麼做呢？

生氣三原則

別傷害對方

不可以向對方使用暴力，或把怒氣發洩在不相干的朋友身上，也不能用言語傷人。

絕對不可以使用暴力……

忍耐！

別拿東西出氣

別因為生氣而把東西弄壞。當下你可能會覺得暢快，但是之後情況會更糟。

別拿東西出氣！

別傷害自己

即使你有不對的地方，也別過度自責而討厭自己。犯了錯只要反省改過就好，重要的是「相信自己，拿出自信」喔！

我竟然為了這種事情發脾氣……

實在是太糟糕了……

  試著效法運動選手

許多運動員會在輸掉比賽時，把怒氣發洩在器材上。不過，日本知名網球選手大坂直美遇到這種情況的時候，反而會閉上眼睛並深呼吸，努力調整心情。下次你情緒低落時，也可以試著效法看看喔！

94

好！我遵守了生氣三原則，接著來表達我的想法吧！

被絆倒的人可能會受傷，下次別再這樣做了。

有記取教訓就好。

真的很對不起。

即使遇到沒辦法平息怒氣的時候，也必須遵守生氣的三個原則，包括「別傷害對方」、「別拿東西出氣」和「別傷害自己」。第一個原則除了肢體傷害之外，也包含言語暴力喔！

重點整理

提出解決方案
無法容忍朋友的錯誤時

朋友在比賽犯錯時,你可能會覺得煩躁。這個時候,請先試著與對方討論解決方法,千萬不要隨便發脾氣。

提出解決方案的方法

思考如何克服問題

一旦開始探究出現問題的原因，憤怒的情緒就會越來越強烈。只要換個角度思考，把重點聚焦在如何解決難題，心情就會平靜下來喔！

說出期望與建議

只要把自己的期望與建議好好傳達給對方，心中就不會一直累積負面情緒，怒火也會漸漸平息。

別翻舊帳

一旦舊事重提，對方也會跟著翻臉或覺得受傷。

🐾　　　　　　**思考生氣的目的**　　　　　　🐾

人之所以生氣是因為抱持著「希望對方做……」的期待。只要把自己的期望告訴對方，一旦實現了之後，怒氣就會消失了！相反的，如果發現有人正在生你的氣，請好好想想「對方希望你怎麼做」。

朋友犯錯時，與其執著於為什麼會出問題，倒不如尋找解決方案，思考接下來該怎麼做才會順利。而且這個時候，要是能和朋友一起討論應變對策，彼此的關係會變得更緊密喔！

重點整理

專欄

生氣時，身體會有什麼變化？

當你感到憤怒時，身體會出現各種變化（請參考第15頁）。相反的，只要平息怒氣，就可以舒緩緊繃的身體，恢復到原本的狀態。平定情緒的方法有很多種，以下介紹的是「提高副交感神經作用的運動」。

● **憤怒時身體出現的變化**

面紅耳赤	瞳孔放大
心跳加速	血壓升高
呼吸急促	身體緊繃
流汗	痛覺神經變遲鈍

● **提高副交感神經作用的運動**

深呼吸	轉動頸部	聆聽喜歡的音樂

放鬆緊繃的身體，慢慢降低血壓。

促進肌肉放鬆，穩定情緒。

平復緊張的情緒，舒緩身心。

編註：自律神經系統包含交感神經系統和副交感神經系統，前者能夠使肌肉變得緊繃、心跳加快，以應付外在的危難與壓力；後者負責讓肌肉放鬆、血管擴張，進而平定心神。

管理情緒的方法
有很多種喔！

第 **5** 章

情緒管理的方法

當你想發脾氣時，請試著利用各種
辦法確認「你為什麼生氣？」以及
「你有多麼生氣？」

憤怒日誌
客觀檢視你生氣時的情況

當你感到煩躁時，請試著寫下憤怒日誌，記錄「你在何時生氣」、「對什麼事感到不開心」和「用什麼方式發脾氣」。

因同學不打掃而發脾氣的明莉應該怎麼做呢？

寫下憤怒日誌

①時間

（例）2022年6月10日

②地點

（例）國小教室內

③發生的事情（具體寫下惹你生氣的人、事、物）

（例）班上的男同學沒有認真打掃

④對這件事的反應（說了什麼？做了什麼？）

（例）生氣的大喊「你們認真打掃啦！」

⑤用數字表示憤怒程度（量表分析，請參考第29頁）

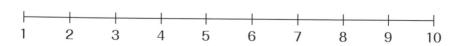

1　　2　　3　　4　　5　　6　　7　　8　　9　　10

※如果當下沒有時間全部寫下來，也可以只寫③和⑤。

憤怒日誌的效果

把生氣時的情況寫下來，這份紀錄稱作「憤怒日誌」。完成之後，就能回顧之前曾經為了什麼事，以及用什麼方式發脾氣。

可以恢復冷靜

記錄自己的生氣狀態，必須以客觀的角度檢視，所以在寫下憤怒日誌的過程中，情緒會逐漸冷靜下來。

可以事後回顧

先把當下的經過記錄下來，日後就能客觀的重新檢視自己在發怒的時候，做了什麼行為。

可以整理情緒

先留下紀錄，日後可以慢慢整理生氣當下的情緒。

可以控制憤怒

記錄了幾次之後，會逐漸了解自己容易對什麼事情感到生氣。釐清引發憤怒的關鍵，就能知道因應的對策，藉此控制怒氣。

如果只在腦中思考自己對事件有什麼想法，可能會讓「情緒」蓋過「看法」而變得更加煩躁。因此，請冷靜的把「事情始末」和「你的反應」分別寫下來，慢慢釐清思緒。

重點整理

打破平常的模式
試著去做平時不會做的事情

為了沒做的事遭到懷疑而快要爆發怒氣時，請試著打破平常的模式，讓大家刮目相看。

被大家誤會而惱怒的光應該怎麼做呢？

寫下打破平常模式的內容

希望對方把你說的話聽進去,而大膽做出與平常不同的行為,就稱作「打破平常的模式」。

平常的模式

● 明明沒做過的事卻被別人誤認為是你做的

平常的憤怒模式

(例)保持沉默、突然大吼、立刻口出惡言等。

按照平常的憤怒模式會發生什麼事?

(例)周遭的朋友紛紛離開、大家露出受夠的表情等。

不同於以往的模式

● 和平常不同的憤怒模式

（例）清楚用言語表達你的想法或感受。

● 你認為結果會如何？

（例）大家更了解彼此、周圍的朋友覺得很驚訝。

● 有沒有更好的做法？

（例）臉上帶著微笑的把垃圾撿起來。

你想到幾種與平常不同的憤怒模式呢？請從你可以做到的方法開始嘗試，例如「試著用比平常更慢的速度說話」、「試著表達我的想法」等，接著再試試其他方案。打破平常的模式之後，可以詢問親朋好友的意見，或許能找出更適合你的做法喔！

重點整理

自己的假想經歷
拿出幹勁

為了達到自己立下的目標，可以寫下以你為主角的「假想經歷」，藉此激發往前邁進的動力！

因討厭耐力跑而感到煩躁的奈奈子應該怎麼做呢？

寫下自己的假想經歷

一週後、半年後、一年後,你會變成什麼樣子?請用圖表呈現以你為主角的「假想經歷」,想像未來成功的模樣。

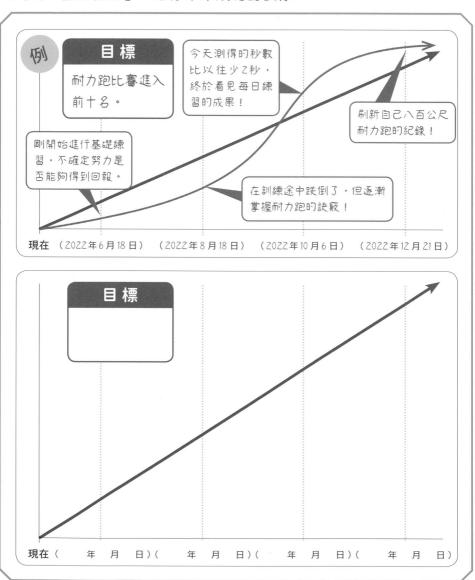

例

目標

耐力跑比賽進入前十名。

剛開始進行基礎練習,不確定努力是否能夠得到回報。

今天測得的秒數比以往少2秒,終於看見每日練習的成果!

在訓練途中跌倒了,但逐漸掌握耐力跑的訣竅!

刷新自己八百公尺耐力跑的紀錄!

現在 (2022年6月18日) (2022年8月18日) (2022年10月6日) (2022年12月21日)

目標

現在 (年 月 日)(年 月 日)(年 月 日)(年 月 日)

如何寫下自己的假想經歷

寫下最終目標

在圖表的左上方寫下想達成的目標。盡量寫出具體事項，例如耐力跑進入前十名、期末考名次進步、演講比賽得名等。

寫下可能遇到的考驗

想像在達成目標的過程中會遭遇什麼困境，並寫在圖表中。

畫出箭頭

由左下往右上，沿著階段性目標畫出箭頭（可以是彎曲的線條），想像自己逐漸成長。

寫下階段性目標

沿著箭頭寫下達成最終目標前的階段性目標。起初，目標較小，越接近理想，目標越大。

寫下日期

在最下方的橫軸寫出階段性目標與最終目標的達成日期。

當你擁有想達成的夢想時，試著利用圖表，寫下未來實現目標的過程中可能會遇到的挑戰和收穫，就能具體想像通往理想自我的道路。

重點整理

快樂日誌
找出令你感到開心的回憶

當你覺得煩躁時，試著把讓你感到幸福的事情寫下來，
即使微不足道也沒關係，這麼做可以平復心情喔！

沒有做什麼事卻覺得不開心的奈奈子應該怎麼做呢？

寫下快樂日誌

把感到興奮或開心的事情寫下來，這份資料就稱作「快樂日誌」。日後翻閱這些美好回憶時，就會產生幸福的感覺喔！

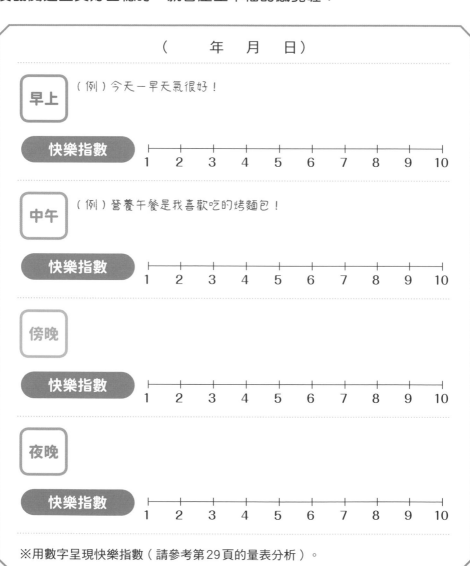

（　　年　　月　　日）

早上　（例）今天一早天氣很好！

快樂指數　1　2　3　4　5　6　7　8　9　10

中午　（例）營養午餐是我喜歡吃的烤麵包！

快樂指數　1　2　3　4　5　6　7　8　9　10

傍晚

快樂指數　1　2　3　4　5　6　7　8　9　10

夜晚

快樂指數　1　2　3　4　5　6　7　8　9　10

※用數字呈現快樂指數（請參考第29頁的量表分析）。

快樂日誌的寫法與效果

把幸福、快樂的事情寫下來

隨時寫下讓你愉快的事情，就算是微不足道的小事也值得記錄。

收到美味的餅乾！

用數字呈現快樂指數

試著利用數字來呈現快樂的多寡（請參考第29頁的量表分析），這麼做能讓你實際感受到幸福的氛圍。

你的快樂指數有多少？

留意未曾發現的「好事」

持續在筆記本寫下令你感到愉快的經歷，就會發現平時從未注意到的「好事」。

今天很快就完成作業了呢！

體會身邊充滿幸福

持續撰寫快樂日誌，就會逐漸了解你的生活其實也沒有想像的那麼糟糕。

今天發生了五件快樂的事情！

角色扮演
成為你崇拜的人

當你因為事情進展不順利而感到煩躁時，試著化身成你崇拜的人，或許就可以突破困境喔！

因為舞跳不好而感到煩躁的令夫應該怎麼做呢？

角色扮演

遇到不擅長的運動或功課時，試著仔細觀察你欣賞的對象，並模仿他的動作、姿勢或習慣，這樣的行為就稱作「角色扮演」。

你崇拜的對象是誰？

你為什麼崇拜對方？

你想成為怎樣的人？

你成為那樣的人之後有什麼改變？

試著具體畫出你想成為的樣子。

如何化身成你崇拜的對象

思考你崇拜什麼人

請仔細思考，並找出你想效法的對象。是活躍在螢光幕前的偶像明星？還是運動選手？又或是身邊的長輩？

放浪兄弟好帥喔！

就以他為目標吧！

觀察你崇拜的對象

你會欣賞那個人，代表對方一定有某個條件或特質吸引你。因此，請仔細觀察他的言行舉止，找出你可以學習的優點。

他有良好的節奏感！

模仿你想學習的部分

仔細觀察之後，試著模仿你認為值得學習的地方，例如口頭禪、動作、習慣、態度等。

用他的招牌動作做為舞蹈結尾應該不錯吧！

除了效法活躍在螢光幕前的藝人之外，還可以模仿班上的風雲人物、厲害的運動選手、知名的電視主播等人，學習他們的說話方式、臉部表情或待人處事的態度，成為自己欣賞的那種人。

重點整理

焦慮分析圖
整理焦慮的原因並妥善處理

當周遭出現讓你感到焦慮的事情時，請判斷是否需要處理，並盡你所能克服它。

因為分組落單而感到十分焦慮的奈奈子應該怎麼做呢？

利用焦慮分析圖整理原因

「焦慮分析圖」是指當你感到焦慮時，用來仔細思考，並確認是否需要處理或表達意見的圖表。回答圖表中的問題，了解你應該做的事，就可以順利克服焦躁的情緒嚕！

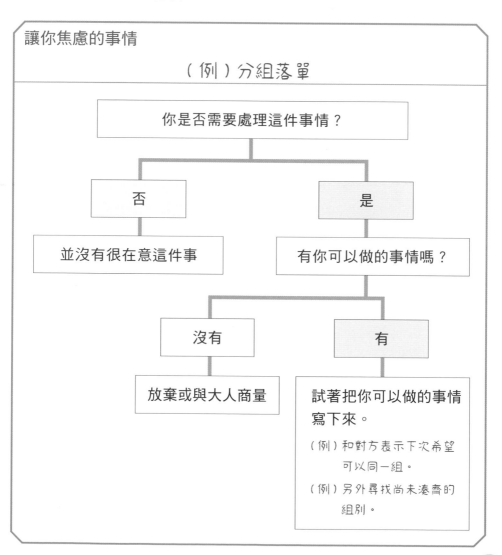

讓你焦慮的事情

（例）分組落單

你是否需要處理這件事情？

否 —— 並沒有很在意這件事

是 —— 有你可以做的事情嗎？

沒有 —— 放棄或與大人商量

有 —— 試著把你可以做的事情寫下來。

（例）和對方表示下次希望可以同一組。

（例）另外尋找尚未湊齊的組別。

自我焦慮分析

遇到令你焦慮的事情時，先判斷是否需要處理

經過思考後，如果你認為這件事情其實沒什麼大不了，就可以拋到腦後，擺脫焦慮。

把你想到的辦法寫下來

只要立刻把浮現在腦海的解決方法記錄下來，就可以減少焦慮的情緒喔！

如果你認為需要處理，就想一想可以做些什麼事

假如你認為不處理會發生對自己更不好的情況，請思考是否有其他能力所及的解決辦法。

若沒有你能做的事，就不要在意或找長輩商量

假如你真的無法解決眼前的情況，就放寬心不去理會。若還是非常在意，可以試著請長輩給予建議。

這是我可以處理的事情嗎？還是我其實也沒有別的辦法呢？我需要先冷靜的想一想。

人常常會遇到令自己焦慮的事情，不過只要仔細思考，就會發現其實有些煩惱微不足道，通常轉換念頭不去理會，心情自然就能恢復平靜。若是一直把注意力集中在無能為力的事情上，會讓自己筋疲力盡喔！

重點整理

結語

透過練習就能掌握情緒管理

任何人只要練習都能做好情緒管理。剛開始你可能覺得很困難，甚至認為自己根本無法做到書中提及的步驟（例如等待6秒平息憤怒），或清楚向他人表達自己的情緒。

不論是哪個領域，沒有人一開始就非常厲害，大家都是在摸索的過程中逐漸熟練。情緒管理也是一樣的，只是看完這本書並無法澈底掌控憤怒的情緒，請每天一點一滴持續練習，相信你今天一定可以做得比昨天更好，明天會做得比今天更好。

憤怒可以是你的敵人，也可以是朋友

談到憤怒，過去總認為是一種不好的情緒。的確，如果被家人或

126

老師責罵，心情當然會變差；如果與朋友吵架，也會破壞兩人之間的友情。

但是憤怒也能因「不甘心」或「不想認輸」的態度，轉換成自我激勵的力量。

若你被憤怒左右，這種情緒將會成為破壞人生的最大敵人。相反的，如果你能妥善消化負面心情，它就會成為讓你清楚表達不愉快的感受，以及自我成長的最佳夥伴。

只要學會如何掌控情緒，就可以和家人、老師、朋友、兄弟、姐妹等親友建立良好的人際關係，減少與人發生衝突的機會。請學會情緒管理，每天愉快的在學校學習、與朋友玩耍，我會在此為你加油！

——安藤俊介

國家圖書館出版品預行編目 (CIP) 資料

小學生的煩惱 . 1, 控制不住怒氣怎麼辦？/
安藤俊介監修；鈴木理繪子漫畫；吳嘉芳
翻譯 . -- 初版 . -- 新北市：小熊出版：遠足
文化事業股份有限公司發行 , 2022.06
128 面；14.8×21 公分 . --（廣泛閱讀）
ISBN 978-626-7140-06-2（平裝）

1.CST: 生活教育　2.CST: 情緒管理

528.33　　　　　　　　　　　111005112

廣泛閱讀

小學生的煩惱❶：控制不住怒氣怎麼辦？

監修：安藤俊介（日本憤怒管理協會代表理事）｜漫畫：鈴木理繪子｜翻譯：吳嘉芳
裝訂、設計、排版：Nishi 工藝股份有限公司（岩間佐和子）
編輯：Nishi 工藝股份有限公司（佐佐木裕、名村菜依子）
人物插圖（獅子 Heart）：Canna Evans

總編輯：鄭如瑤｜主編：陳玉娥｜編輯：張雅惠｜美術編輯：莊芯媚
行銷副理：塗幸儀｜行銷助理：龔乙桐

出版與發行：小熊出版・遠足文化事業股份有限公司
地址：231 新北市新店區民權路 108-3 號 6 樓｜電話：02-22181417｜傳真：02-86672166
劃撥帳號：19504465｜戶名：遠足文化事業股份有限公司
Facebook：小熊出版｜E-mail：littlebear@bookrep.com.tw

讀書共和國出版集團

社長：郭重興｜發行人：曾大福
業務平臺總經理：李雪麗｜業務平臺副總經理：李復民
實體通路暨直營網路書店組：林詩富、陳志峰、郭文弘、賴佩瑜、王文賓、周宥騰
海外暨博客來組：張鑫峰、林裴瑤、范光杰｜特販組：陳綺瑩、郭文龍
印務部：江域平、黃禮賢、李孟儒
讀書共和國出版集團網路書店：http://www.bookrep.com.tw｜客服專線：0800-221029
客服信箱：service@bookrep.com.tw｜團體訂購請洽業務部：02-22181417 分機 1124
法律顧問：華洋法律事務所／蘇文生律師｜印製：凱林彩印股份有限公司
初版一刷：2022 年 6 月｜初版三刷：2022 年 12 月｜定價：350 元｜ISBN：978-626-7140-06-2

PINCH WO KAIKETSU! 10SAIKARA NO LIFE SKILL ④
IKARI WO CONTROL SURU（ANGERMANAGEMENT）
Supervised by Shunsuke Andou. Copyright © Shunsuke Andou, 2019. All rights reserved.
Original Japanese edition published by GODO-SHUPPAN Co., Ltd.

Traditional Chinese translation copyright © 2022 by Walkers Cultural
Co., Ltd. / Little Bear Books. This Traditional Chinese edition
published by arrangement with GODO-SHUPPAN Co., Ltd., Tokyo,
through HonnoKizuna, Inc., Tokyo, and Future View Technology Ltd.

小熊出版官方網頁　　小熊出版讀者回函